Vente du Lundi 21 Mars 1870

TABLEAUX MODERNES

ET

AQUARELLES

Œuvre importante par J.-B. DESPORTES

Mᶜ CHARLES PILLET
COMMISSAIRE-PRISEUR

M. FEBVRE
EXPERT

PARIS — 1870

RENOU ET MAULDE

IMPRIMEURS DE LA COMPAGNIE DES COMMISSAIRES-PRISEURS

Rue de Rivoli, 144

CATALOGUE

DE

TABLEAUX MODERNES

AQUARELLES

QUELQUES TABLEAUX ANCIENS

PARMI LESQUELS

Un par J.-B. DESPORTES

DONT LA VENTE AUX ENCHÈRES PUBLIQUES AURA LIEU

HOTEL DES VENTES, RUE DROUOT

SALLE N° 2

Le Lundi 21 Mars 1870

A TROIS HEURES

Par le ministère de **M° CHARLES PILLET,** Commissaire-Priseur,
rue de la Grange-Batelière, 10,

Assisté de **M. FEBVRE,** Expert, rue Saint-Georges, 14,

CHEZ LESQUELS SE DISTRIBUE LE PRÉSENT CATALOGUE.

EXPOSITION PUBLIQUE

LE DIMANCHE 20 MARS 1870

PARIS — 1870

CONDITIONS DE LA VENTE

Elle sera faite expressément au comptant.

Les Acquéreurs paieront CINQ POUR CENT en sus du prix d'adjudication.

DÉSIGNATION

DES

TABLEAUX

ÉCOLE MODERNE

BARON

1 — Midi.

BERCHERE (Narcisse)

1 *bis*. — Caravane au repos (Haute-Égypte).

BONVIN (François) *(1865)*

2 — Fruits.

CHARPENTIER (ALFRED)

3 — Environs de Caulnes (Côtes-du-Nord).

4 — Vue prise en Écosse.

COURDOUAN (V.)

5 — Paysage avec cours d'eau et baigneuses.

COURBET (GUSTAVE)

6 — Au cabaret.

Dessin.

COROT (CAMILLE)

7 — Le Verger.

DIAZ (NARCISSE DE LA PENA)

8 — Fleurs.

9 — Chiens à l'entrée d'un bois.

Esquisse.

FAUVELET

10 — Joueurs.

FLERS (Camille)

11 — Route de Sainte-Marguerite (Normandie).

Pastel.

FLERS (Camille)

12 — Habitation de Flers à Courtry.

Aquarelle à l'essence.

FROMENTIN (Eugène)

13 — Près d'Oran (Algérie).

HARPIGNIES (Henri)

14 — Le Temple de la Paix (Rome); vue prise du palais des Césars.

Aquarelle.

15 — Ruines du Palais des Césars (Rome).

Aquarelle.

16 — Campagne de Rome.

Aquarelle.

17 — Le Pont-Neuf (Paris).

Aquarelle.

HOGUET (C.), 1853

18 — Ane debout dans une cour.

HUGUET (Victor)

19 — Caravane de Hadjis.

20 — Épisode de chasse (Algérie).

21 — Caravane en marche le matin.

JACQUE (Charles)

22 — Les deux Rivaux.

HAAS (J.-H.-L. De)

23 — Pâturage hollandais.

KOEKKOEK (M.-A.)

24 — Entrée de forêt.

INGRES

25 — Etude faite pour le tableau de saint Symphorien.

Vente Mariette.

MEYER (Louis)

26 — Marine.

POLLET (Victor)

27 — Réveil.

Aquarelle.

PLASSAN

28 — Le Matin.

PRUD'HON Pierre-Paul)

29 — Joseph et la Femme de Putiphar.

(Collection de Boisfremont.)

RIBOT (Théodule)

30 — Cuisiniers et Marmitons.

31 — Nature morte.

ROQUEPLAN (Camille)

32 — Les Ruines de Pestum.

SMITS (Eugène)

33 — Halte de Bohémiens.

ROUSSEAU (Philippe)

34 — Le Cellier.

35 — Le Fromage de Brie.

36 — Le Dessert.

THOREN (Otto Von)

37 — Voyageurs attaqués par des loups.

VOLLON (Antoine)

38 — Fleurs.

39 — Fruits.

40 — Le Verre de vin du Rhin.

ZIEM

41 — Grand Lac du bois de Boulogne (hiver).

TROYON

42 — Cour de ferme.

Dessin aux trois crayons.

TASSAERT (Octave)

43 — Le Pardon.

BELESTRE (A.-D.), 1858

44 — Jeune Couple représenté sous les traits de Mars et Vénus.

————

TABLEAUX ANCIENS

————

DESPORTES (Jean-Baptiste)

45 — Gibier mort.

Dans une niche, creusée dans un mur, sont appendus à un crochet deux canards sauvages ; en bas, sur un socle de pierre, sont posés un lièvre, un faisan doré et d'autres oiseaux ; en haut, sont des colonnes brisées et des chapiteaux renversés.

Très-belle page du maître, signée en toutes lettres sur le socle : DESPORTES, 1715.

RUYSDAEL (SALOMON)

46 — Lisière d'un bois avec animaux sur le bord d'une
rivière.

En avant, un cours d'eau où s'abreuvent des animaux ; dans le
fond, la lisière d'un bois ; ciel gris avec nuages brillants. Rappe-
lant le faire des œuvres de Jacques Ruysdael.

FRAGONARD (HONORÉ)

47 — Le Baiser.

Pastel.

RENOU et MAULDE, imprimeurs de la Compagnie des Commissaires-Priseurs,
rue de Rivoli, 144.   2417